Gerechterer Kostenwert

für

Testamentsvollstreckerzeugnisse

und die

vorangegangene Versicherung.

Von

Justizrat Ostermeyer,
Notar in Berlin.

Berlin 1916.
J. Guttentag, Verlagsbuchhandlung,
G. m. b. H.

Bekanntlich hat das Preußische Kammergericht in ständiger Rechtsprechung entschieden, daß der Kostenwert des Testamentsvollstreckerzeugnisses nach Gerichtskostengesetz § 23 Abs. 1 zu schätzen und nicht nach dem reinen Nachlaßwerte zu bemessen sei. Beschluß des KG. vom 5. Mai 1911 (KGJ. 41 B. 306), vom 27. Dezember 1912 und 12. Dezember 1913 (beide JMBl. 1914 S. 532 ff.). Alle drei Beschlüsse stimmen darin überein, daß sich auch der Kostenwert der eidesstattlichen Versicherung des Testamentsvollstreckers dazu, wenn sie vor Gericht abgegeben wurde, lediglich nach § 23 Abs. 1 GKG. richte. Den Kostenwert der eidesstattlichen Versicherung des Testamentsvollstreckers vor dem Notar bestimmt der vorletzte Beschluß nur nach § 49 Nr. 2 GKG., also nach dem Nachlaßwerte, der letzte Beschluß ebenfalls gemäß § 23 Abs. 1. Es erscheint deshalb eine Untersuchung dieser Kostenwerte mit Rücksicht auf den Umstand notwendig, daß Testamentsvollstreckungen und daher die Testamentsvollstreckerzeugnisse gerade bei Nachlässen von über 100 000 M. die Regel bilden dürften.

I. Testamentsvollstreckerzeugnis.

Der Beschluß des KG. vom 5. Mai 1911 sagt:

„Während nach der älteren Gesetzesfassung die Gebühr für das Testamentsvollstreckerzeugnis, soweit sich das Amt des Testamentsvollstreckers auf den Nachlaß erstreckte, von dem Werte des Nachlasses zu erheben war, hat die neue Fassung des § 81 Abs. 7 PrGKG. sie wesentlich ermäßigt. Nach dem Vorschlage des Regierungsentwurfes ist bestimmt worden, daß der Wert des Testamentsvollstreckerzeugnisses in allen Fällen nach der entsprechend anzuwendenden Vorschrift des § 23 Abs. 1 daselbst zu bemessen ist. Dadurch ist diese, von sich aus zunächst nur für nichtvermögensrechtliche Angelegenheiten geltende Vorschrift hier, wie in zahlreichen anderen Fällen, auf eine vermögensrechtliche Angelegenheit erstreckt worden, in der bewußten, auch in der amtlichen Begründung (S. 40) klar ausgesprochenen Absicht des Gesetzgebers, die bisher nach dem Werte des Vermögensgegenstandes bemessenen Gebühren wesentlich herabzusetzen."

Allein diese Ansicht des KG. wird weder durch die Fassung des Gesetzes, noch durch dessen Entstehungsgschichte gedeckt.

Allerdings bestimmt § 81 Abs. 7 Satz 4:

„Auf die Berechnung des Wertes findet die Vorschrift des § 23 Abs. 1 entsprechende Anwendung."

In diesem Satze vermißt man mit Recht die Bezeichnung des Geschäfts, für welches die Kosten zu berechnen sind; daraus folgt aber noch nicht, daß mit dem Geschäft die Erteilung des Testamentsvollstreckerzeugnisses in allen Fällen gemeint ist. Das Gegenteil ergibt schon die Stellung des Satzes. Die Regel, daß sich der Wert der im § 81 Abs. 1, 2, 3 bezeichneten Geschäfte nach dem reinen Nachlasse richtet, ist im § 81 Abs. 4 aufgestellt und in Abs. 7 Satz 1 auf das Testamentsvollstreckerzeugnis entsprechend angewendet. Die Schätzung aus § 23 Abs. 1 ist eine Ausnahme davon, und hätte daher der Gesetzgeber, wenn er diese Ausnahme in allen Fällen gelten lassen wollte, sie sicher dorthin gestellt, wo er die Anwendung der Regel auf das Testamentsvollstreckerzeugnis vorschrieb, also in Abs. 7 Satz 1.

So hat der Gesetzgeber auch gehandelt, als er von den Wertregeln der Abs. 1 bis 6, welche nach Abs. 7 Satz 1 sowohl auf das Zeugnis über die Fortsetzung der Gütergemeinschaft als auch auf das Testamentsvollstreckerzeugnis entsprechende Anwendung finden sollen, für das erstere Zeugnis eine Ausnahme machen wollte. Denn diese Ausnahme hat er ebenfalls in Abs. 7 Satz 1 gestellt und dort vorgeschrieben:

„. . . bei der Berechnung der Gebühr für das Zeugnis über die Fortsetzung der Gütergemeinschaft tritt an Stelle des Wertes des Nachlasses der halbe Wert des Gesamtgutes der fortgesetzten Gütergemeinschaft“.

Damit bestätigt also Abs. 7 Satz 1 selbst, daß die Wertberechnung nach dem reinen Nachlasse, wie sie in Abs. 1 bis 6, speziell in Abs. 4 vorgeschrieben ist, auf das

Testamentsvollstreckerzeugnis und auch das Zeugnis über die Fortsetzung der Gütergemeinschaft anzuwenden ist; auf letzteres jedoch mit der Änderung, daß an Stelle des Nachlaßwertes der halbe Wert des Gesamtgutes tritt.

Würdigt man nun unbefangen, daß die als Ausnahme vorgeschriebene Schätzung des Wertes nicht in Abs. 7 Satz, 1 sondern hinter Satz 2 und 3 gestellt ist, so legt diese Stellung die Absicht des Gesetzgebers nahe, den Satz 4 nur auf die unmittelbar davor stehenden Fälle der Sätze 2 und 3 zu beziehen.

Das ergibt auch die Begründung zu § 81 Abs. 7. Diese spricht durchaus nicht davon — wie das KG. meint — die Gebühr für alle Testamentsvollstreckerzeugnisse wesentlich herabzusetzen, vielmehr beschäftigt sie sich mit dem Testamentsvollstreckerzeugnis nur (Drucks. S. 40 bzw. S. 1359) in einigen Fällen, in denen die Erhebung der vollen Gebühr des § 57 B (die in § 81 Abs. 1 und Abs. 7 Satz 1 vorgeschrieben ist) mit besonderer Härte verknüpft wäre, nämlich:

a) Es ist schon vor dem Testamentsvollstreckerzeugnis ein Erbschein erteilt worden.

b) Testamentsvollstreckerzeugnis und Erbschein werden verbunden.

Zu a und b sagt die Begründung wörtlich:

„Diese doppelte Erhebung der Gebühr enthält insofern eine Härte, als es sich in beiden Fällen um eine amtliche Bescheinigung zur Verfügung über denselben Nachlaß handelt."

Indem nun die Begründung den Vorschlag des Entwurfes empfiehlt, die Gebühr für das Testamentsvollstreckerzeugnis neben der Erbscheingebühr nur zur Hälfte anzusetzen, führt sie noch als dritten Fall (von obiger Härte) an:

c) daß infolge eines Wechsels in der Person des Testamentsvollstreckers ein weiteres Zeugnis erforderlich wird.

Wenn darauf die Begründung zu § 81 Abs. 7, ohne einen Absatz zu machen, folgendermaßen endet:

„Für die Wertberechnung war nach den bisherigen Vorschriften der Wert des Nachlasses, soweit sich das Amt des Testamentsvollstreckers auf den Nachlaß erstreckte, maßgebend. Der Entwurf schlägt vor, den Wert in allen Fällen nach § 23 Abs. 1 zu schätzen",

so deutet dies mindestens mit Wahrscheinlichkeit auf die Absicht des Gesetzgebers hin, den § 23 Abs. 1 auf das Testamentsvollstreckerzeugnis in allen drei von der Begründung erwähnten Fällen besonderer Härte der doppelten Gebührenerhebung bei derselben Mühe anzuwenden aber nicht überhaupt. Denn sonst hätte doch der Gesetzgeber die Notwendigkeit der Wertherabsetzung der Testamentsvollstreckerzeugnisse für das Gros der übrigen Fälle begründen müssen. Es ist aber nicht zu begründen, weshalb das Testamentsvollstrecker zeugnis im

Allgemeinen billiger sein soll als der Erbschein, zumal wenn solcher übereinen gleich hohen Nachlaß ebenfalls auf Grund eines Testaments aus BGB. § 2355 erteilt wird.

Eine Ausdehnung des § 23 Abs. 1 auf alle Testamentsvollstreckerzeugnisse würde auch dem Geiste des § 23 widersprechen. Denn das GKG. hat den Grundsatz, die Gebühren nach dem Werte des Gegenstandes zu berechnen (§ 19); es hat aber auch den ferneren Grundsatz, mit dem Werte des Gegenstandes die Gebühren steigen zu lassen, und zwar unbegrenzt. Dieser Grundsatz ist sozial; denn wie steuerrechtlich die größten Vermögen, so sollen kostenrechtlich die größten Gegenstände entsprechend erfaßt werden, und nur so ist es bei den großen Bedürfnissen des Justizfiskus ausführbar, die kleinsten Objekte möglichst von Gebühren zu entlasten. Diesem sozialen Grundsatze verdanken die von den kleinsten Werten nach oben mit den Werten des Gegenstandes in Staffeln steigenden Gebührenvorschriften der §§ 57 B 49 bzw. 33 ihre Entstehung, welche Vorschriften im § 81 auf das Testamentsvollstreckerzeugnis angewendet sind.

Der § 23 Abs. 1 aber ist unsozial. Er setzt erstens die willkürliche Schätzung an Stelle der objektiven Wertfeststellung, und wenn er auch dieser Schätzung durch den Normalsatz von 3000 M. eine Richtlinie gibt, so wird dadurch höchst selten das Richtige getroffen. Zweitens aber erhöht der § 23 Abs. 1 die kleinsten Werte auf

200 M. und setzt alle großen Werte über 100 000 M. auf 100 000 M. herab, — eine Entlastung gerade der großen Vermögen, die zur größten Vorsicht bei der Anwendung des § 23 führen muß. Deshalb hat der § 23 sein eigentliches Anwendungsgebiet auch begrenzt auf die Fälle, wo es unmöglich ist, den Wert festzustellen, weil entweder dazu die genügenden tatsächlichen Anhaltspunkte fehlen (§ 23 Abs. 2), oder weil die Angelegenheit eine nichtvermögensrechtliche ist, sie sich mithin der Wertfeststellung überhaupt entzieht (§ 23 Abs. 1).

Mit der entsprechenden Anwendung des § 23 auf andere Fälle ist der Gesetzgeber — wohl aus obigen sozialen Gründen — äußerst vorsichtig. So zählt er in Grundbuchsachen im § 63, bei Vormundschaftssachen im § 94 GKG. die einzelnen Geschäfte auf, auf welche § 23 Abs. 1 entsprechende Anwendung finden soll. Ferner wird in Urkundensachen § 23 entsprechend dort angewendet, wo eine Änderung eines Rechtsverhältnisses keinen bestimmten Geldwert hat (§ 40 Abs. 2), ferner wo der Wert nicht des Rechtsverhältnisses, sondern einer Vertretung dabei bestimmt werden soll (§ 40 Abs. 4), oder wo bei einer Anmeldung zum Handelsregister oder ähnlichen Registern ein bestimmter Geldbetrag nicht erhellt (§ 40 Abs. 5).

In allen diesen Fällen läßt sich eben der Wert des Gegenstandes nicht feststellen.

Es widerspricht also dem Geiste des § 23, die Testamentsvollstreckerzeugnisse kostenrechtlich zu schätzen, obwohl sich der Wert des Gegenstandes anderweit feststellen läßt. Fehlen aber zur Feststellung die genügenden tatsächlichen Anhaltspunkte, so käme nicht § 23 Abs. 1, sondern § 23 Abs. 2 zur Anwendung.

Ausnahmevorschriften, wie § 23 Abs. 1, sollen ohne Not nicht entsprechend angewendet werden. Es war deshalb vom Gesetzgeber ein Fehler, den § 23 Abs. 1 auf die Sonderfälle der Sätze 2 und 3 des § 81 Abs. 7 anzuwenden, denn er hätte hier — wo die Gebühr für den Erbschein bzw. das erste Testamentsvollstreckerzeugnis schon entstanden war — die beabsichtigte Verbilligung des Testamentsvollstreckerzeugnisses und der eidesstattlichen Versicherung besser durch Herabsetzung der Gebühren um weitere Bruchteile erreichen können und sollen, statt diese Fälle der Schätzung auszuliefern.

Es geht aber nicht an, mit dem KG. den § 23 Abs. 1, der nur eine Ausnahmevorschrift ist, auszudehnen auf das Gros der anderen Fälle der Erteilung des Testamentsvollstreckerzeugnisses außerhalb Satz 2 und 3 des § 81; denn die Schätzung aus § 23 Abs. 1 ist mit den Wertstaffeln des § 57 B, welcher auf das Testamentsvollstreckerzeugnis nach § 81 Abs. 1 und Abs. 7 Satz 1 entsprechende Anwendung finden soll, unverträglich. Der Gesetzgeber, welcher der Herabsetzung des Nachlaßwertes für alle Fälle der Testamentsvollstreckerzeugnisse im Gesetze selbst keinen Ausdruck gab, hat sicher auch an die unsozialen Folgen einer Anwendung des § 23 Abs. 1 auf das Testamentsvollstreckerzeugnis bei Nachlässen von über 100000 M. gedacht, wo die Testamentsvollstreckerzeugnisse am häufigsten sind. Z. B. würden hier die Gerichtskosten ohne Anwendung des § 23 Abs. 1 betragen bei 1000000 M. = 825 M., bei 5000000 M. = 4025 M., bei 15000000 M. = 12025 M., bei 50000000 M. = 40025 M. Bei Herabsetzung des Nachlaßwertes auf 100000 M. durch Anwendung des § 23 Abs. 1 würden hier überall die Gerichtskosten auf je 85 M. sinken und dadurch dem Fiskus gewaltige Beträge verloren gehen, die schließlich von allen Steuerzahlern anderweit aufgebracht werden müßten, um die Bedürfnisse des Justizfiskus zu decken. Andererseits würde der Kostenwert des Testamentsvollstreckerzeugnisses und damit die Gebühren bei den kleinsten Nachlässen von unter 200 M. durch Anwendung des § 23 sich auf 200 M. erhöhen, auch in den Fällen der Abs. 5 und 6 des § 81, in denen der Gesetzgeber die Gebühren gerade herabsetzen wollte (Begründung VII bei Mügel, Kostengesetze 1910 S. 309).

Bleibt aber die entsprechende Anwendung des § 23 Abs. 1 im § 81 GKG. auf die Fälle des Abs. 7 Satz 2 und 3 beschränkt, so ist der Schaden in sozialer Hinsicht nicht so groß, denn diese Fälle sind immerhin selten.

II. Versicherung vor Gericht.

Gibt der Testamentsvollstrecker zur Erlangnng des Testamentsvollstreckerzeugnisses seine eidesstattliche Versicherung vor Gericht ab, so hat er anzugeben außer der Bezeichnung des Erblassers, seines Testaments und seiner Todeszeit, daß sonstige Verfügungen des Erblassers von Todeswegen nicht vorhanden sind, und daß auch ein Rechtsstreit über sein Amt als Testamentsvollstrecker nicht anhängig ist. Er hat dann an Eides Statt zu versichern, daß ihm nichts bekannt ist, was der Richtigkeit seiner Angaben entgegensteht (§§ 2368 Abs. 3, 2354 bis 2356 BGB.). Der Kostenwert dieser gerichtlichen eidesstattlichen Versicherung in Nachlaßsachen ist zunächst für das Erbscheinverfahren im § 81 Abs. 2 dahin geregelt, daß die Gebühr des § 49 Nr. 2 für die Abnahme von eidesstattlichen Versicherungen maßgebend sein soll. Da dort die volle Gebühr des § 33 vorgeschrieben ist, sind also dessen Wertstaffeln maßgebend, welche mit Werten bis zu 20 M. beginnen und nach oben unbegrenzt, also auch über 100000 M. hinaus, zugleich mit den Gebührensätzen steigen. Daran ändert die im § 81 Abs. 2 vorgeschriebene obere Gebührengrenze von vier Zehnteln des § 57 B nichts; den § 57 B hat dieselben Wertstaffeln wie § 33. Gegenstand ist der Nachlaß (§ 81 Abs. 4). Der § 81 Abs. 2 ist aber auch in den Fällen des Abs. 4 Satz 1, Abs. 5 und 6 anwendbar; doch ist in den beiden letzten Fällen die Wertberechnung nach dem geringeren Wert einzelner Nachlaßgegenstände nur eine vorläufige. Die Abs. 1 bis 6 sollen nun auch nach Abs. 7 Satz 1 auf das Testamentsvollstreckerzeugnis entsprechend angewendet werden, also auch auf den Kostenwert der eidesstattlichen Versichernng des Testamentsvollstreckers. Hierdurch wird aber die Anwendung des § 23 Abs. 1 ausgeschlossen, da die dortige begrenzte Schätzung auf 3000 M. oder 200 M. bis höchstens 100000 M. die Anwendung der unbegrenzten Wertstaffeln unmöglich machen würde.

Dennoch wendet der Beschluß des KG. vom 5. Mai 1911 den § 23 Abs. 1 auf die eidesstattlichen Versicherung des Testamentsvollstreckers vor Gericht an. Es führt aus:

„Durch die so ausgesprochene Verweisung sind die Absätze 1 bis 6 zu Bestandteilen des Abs. 7 gemacht und so anzusehen, als ob sie mit den entsprechenden Änderungen in Abs. 7 wiederholt wären. Der Schlußsatz über die Wertberechnung bezieht sich auf den ganzen Inhalt des Abs. 7, also auch auf den mit zum Bestandteil des Abs. 7 gemachten Abs. 2, der die Gebühr für die vor Gericht abgegebene eidesstattliche Versicherung regelt.“

Hierauf ist zu erwidern:

Das KG. übersieht, daß die mit zum „Bestandteil“ des Abs. 7 gemachten Absätze 4 bis 6 eigene Wertbestimmungen enthalten, welche durch die Verweisung im Abs. 7 Satz 1 nicht bloß für das Testamentsvollstreckerzeugnis, sondern auch für die gerichtliche eidesstattltchen Versicherug dazu Geltung bekommen haben; denn Abs. 4 bezieht sich zweifellos auf den Kostenwert der gerichtlichen eidesstattlichen Versicherung des Abs. 2, und Abs. 5 bis 6 wenden ihre Wertbestimmungen ebenfalls auf die Gebühren des Abs. 2 an. Daraus folgt, daß sich der Schlußsatz des Abs. 7 mit seiner abweichenden Wertberechnung aus § 23 Abs. 1 nicht auf den ganzen Inhalt des § 81 Abs. 7 beziehen kann. Wollte der Gesetzgeber das Gegenteil, wollte er also die Wertberechnung der Abs. 4 bis 6 für das Testamentsvollstreckerzeugnis und die gerichtliche eidesstattlichen Versicherung dazu durch § 23 Abs. 1 ersetzen, so hätte er in der Verweisung des § 81 Abs. 7 Satz 1 die entsprechende Anwendung der Abs. 4 bis 6 fortgelassen. — Daß sich der Schlußsatz des § 81 mit seiner Wertberechnung aus § 23 Abs. 1 nicht auf den ganzen Inhalt des Abs. 7 beziehen kann, geht ferner daraus hervor, daß im Abs. 7 Satz 1 eine eigene Wertberechnung auch für das Zeugnis über die Fortsetzung der Gütergemeinschaft und die eidesstattliche Versicherung dazu (vgl. BGB. §§ 1507 und 2353 ff.) nach dem halben Werte des Gesamtgutes der fortgesetzten Gütergemeinschaft bestimmt. Auf letztere Wertberechnnung kann doch der im Schlußsatze des Abs. 7 entsprechend angewendete § 23 Abs. 1 sich unmöglich beziehen, denn er ist mit ihr nicht verträglich, seine Anwendung wäre nicht mehr entsprechend.

Bei Auslegung der Verweisung in Abs. 7 Satz 1 des § 81 GKG. kommt es vielmehr darauf an, was der

Sprachgebrauch unter „entsprechender Anwendung“ versteht. Meines Erachtens ist das nur solche Anwendung, von der man vernünftigerweise sprechen kann, ohne dem Geiste und dem Sinne des Gesetzes zu widersprechen; es bedeutet also Abs. 7 Satz 1 nur, daß die Abs. 1 bis 6 — mit der Änderung, daß statt „Erbschein“ das Wort „Testamentsvollstreckerzeugnis“ zu setzen ist — im Abs. 7 als wiederholt gelten, jedoch nur, soweit dadurch nicht etwas Sinnwidriges herauskommt. Sinnwidrig und deshalb nicht entsprechend wäre eine Wiederholung von Abs. 4 Satz 2 und 3 für das Testamentsvollstreckerzeugnis, da dieses weder mehrere Erbfälle noch das Erbrecht eines Miterben enthalten kann (vgl. § 2368 BGB.), letzteres schon deshalb nicht, weil die Verwaltung eines ideellen Bruchteils einer Erbschaft faktisch unmöglich wäre. „Entsprechend“, d. h. sinnentsprechend ist die vorgeschriebene Wiederholung unbegrenzter fester Wertstaffeln für das Testamentsvollstreckerzeugnis und die gerichtliche eidesstattliche Versicherung des Testamentsvollstreckers nur, wenn die Schätzung des § 23 Abs. 1 GKG. ausgeschlossen und die Schätzung nur auf den Fall des § 23 Abs. 2 beschränkt wird, wo zur Wertfeststellung genügende tatsächliche Anhaltspunkte fehlen.

Diese Erwägung scheint auch den Gesetzgeber bei der Fassung des § 81 Abs. 7 Satz 1 geleitet zu haben. Seine Absicht, es bei den unbegrenzten Wertstaffeln des § 81 Abs. 2 auch für die gerichtliche eidesstattliche Versicherung des Testamentsvollstreckers bewenden zu lassen, geht schon daraus hervor, daß er in den Materialien nirgends seine Absicht erwähnt hat, diese Rechtslage durch Anwendung von § 23 Abs. 1 zu ändern. Der Gesetzgeber mag auch an die unsozialen Folgen einer solchen Änderung gedacht haben, welche zu I oben geschildert sind.

Die Sätze 2 und 3 des § 81 Abs. 7, für welche das Gesetz die Schätzung aus § 23 Abs. 1 anordnet, betreffen ihrem Sinne nach nur die Ermäßigung der Gebühr für die Erteilung des Testamentsvollstreckerzeugnisses neben der Erbscheingebühr oder infolge Wechsels des Testamentsvollstreckers. Satz 2 und 3 des Abs. 7 sind also unbeachtlich für die eidesstattliche Versicherung des Testamentsvollstreckers. Jedenfalls ist eine Ausdehnung des § 23 über die Fälle der Sätze 2 und 3 in Abs. 7 des § 81 hinaus schon für die Erteilung des Testamentsvollstreckerzeugnisses untunlich (vgl. zu I), für die eidesstattliche Versicherung des Testamentsvollstreckers aber beim völligen Schweigen der Begründung zu verwerfen, weil darin eine Änderung des § 81 Abs. 2 liegen würde, zu der die Auslegung nicht berechtigt ist.

Das KG. führt in seinem Beschlusse vom 5. Mai 1911 als zweiten Grund für die Anwendung des § 23 Abs. 1 auf die gerichtliche eidesstattliche Versicherung des Testamentsvollstreckers an:

„Zu dem gleichen Ergebnisse wie die aus der Wortfassung geschöpfte Auslegung führt aber auch die Erwägung, daß die eidesstattliche Versicherung nur ein zur Erlangung des erbschaftlichen Zeugnisses vorgenommenes Nebengeschäft bildet, das nur ausnahmsweise und von den sonstigen Grundsätzen des PrGKG. abweichend mit einer besonderen Gebühr belegt ist (Mügel, PrGKG. § 81 GKG. Anm. 16). Dieses Nebengeschäft kann keinen höheren Gegenstandswert haben als das Hauptgeschäft, das zu fördern es bestimmt ist."

Es sei dahingestellt, ob man in dem Testamentsvollstreckerzeugnis (wie in dem Erbschein) ein „erbschaftliches Zeugnis" erblicken kann. Jedenfalls trifft die Berufung auf Mügel hier nicht zu. Denn in der zitierten Anmerkung 16 weist Mügel nur im allgemeinen darauf hin, daß seine vorstehenden Bemerkungen sowohl für die Bescheinigungen, als für die eidesstattlichen Versicherungen gelten, auch wenn letztere vor einem Notar abgegeben werden. Von „Nebengeschäften" ist aber weder in Anm. 16 noch in den vorhergehenden Anmerkungen die Rede, ebensowenig von der gerichtlichen eidesstattlichen Versicherung des Testamentsvollstreckers. Und wenn Mügel im Hinblick auf § 81 Abs. 1 von dem der Erteilung des Erbscheins vorangegangenen Verfahren „insbesondere der Anordnung öffentlicher Bekanntmachungen" spricht und dann sagt: „nur die Gebühr für die Aufnahme eidesstattlicher Versicherungeu ist besonders zu erheben", so hebt er dadurch die gerichtliche eidesstattliche Versicherung kostenrechtlich aus dem vorangegangenen Verfahren heraus und entkleidet sie des Charakters eines lediglich begleitenden Geschäfts, macht sie also zu einem Hauptgeschäft. Ob sie als solches einen Erbschein oder ein Testamentsvollstreckerzeugnis zu fördern bestimmt ist, erscheint wegen der im § 81 Abs. 7 vorgeschriebenen entsprechenden Anwendbarkeit von Abs. 2 auf das Testamentsvollstreckerzeugnis gleichgültig.

Das GKG. kennt den Ausdruck „Nebengeschäfte", braucht ihn aber nicht für alle Geschäfte, die das Hauptgeschäft zu fördern bestimmt sind. Vielmehr begreift es als Nebengeschäft nur eine solche Tätigkeit des Gerichts, „welche ein im Entwurfe zum Gegenstand eines Gebührenansatzes gemachtes Geschäft vorbereitet oder demselben als bloße Ausführungshandlung nachfolgt" (Begründung I zu § 105, später § 107, bei Mügel S. 372). Das Nebengeschäft begleitet also das Hauptgeschäft, es geht neben ihm her und wird kostenrechtlich durch das Hauptgeschäft gedeckt, weshalb es grundsätzlich und ausnahmslos gebührenfrei ist. Beispiele sind: Eintragungsnachrichten, Zwischenverfügungen, Terminsansetzung, Eintragung des Erwerbsgrundes und -preises in das Grundbuch; bei der Löschung: Unbrauchbarmachung des Briefes usw. Die Begründung sagt hierzu:

„Die an verschiedenen Stellen des Entwurfes sich findenden Hinweise auf die Gebührenfreiheit von Nebengeschäften (Ges. §§ 58, 59, 64 und 56) enthalten Anwendungen eines allgemeinen Grundsatzes, nicht Ausnahmen von einer entgegenstehenden Regel."

Die gerichtliche Aufnahme einer eidesstattlichen Versicherung des Testamentsvollstreckers ist aber im § 81 Abs. 2 in Verbindung mit Abs. 7 Satz 1 mit einer besonderen Gebühr belegt; sie kann also kein Nebengeschäft im Sinne des Gesetzes sein, wenngleich sie die Erteilung des Testamentsvollstreckerzeugnisses zu fördern bestimmt ist. Diese Aufnahme der eidesstattlichen Versicherung des Testamentsvollstreckers ist vielmehr ein Hauptgeschäft. Wäre sie ein Nebengeschäft, so wäre sie gebührenfrei und hätte dann überhaupt keinen Gegenstandswert.

Außerdem aber übersieht das KG., daß zu der gerichtlichen eidesstattlichen Versicherung des Testamentsvollstreckers, welche es als Nebengeschäft bezeichnet, die Erteilung des Testamentsvollstreckerzeugnisses, also das „Hauptgeschäft", in allen Fällen der selbständigen eidesstattlichen Versicherung entweder überhaupt oder durch ein preußisches Gericht unterbleiben kann. Selbständig könnte man nämlich solche eidesstattlichen Versicherungen nennen, auf welche die Erteilung eines Testamentsvollstreckerzeugnisses unterbleibt, entweder weil der Testamentsvollstrecker sein Amt vorher niederlegt oder stirbt, oder seinen Antrag zurücknimmt, oder weil sich ein anderes älteres Testament mit anderem Testamentsvollstrecker vorfindet, oder weil die Erteilung des Testamentsvollstreckerzeugnisses durch ein preußisches Gericht von vornherein nicht beabsichtigt war, da der Erblasser zur Zeit seines Todes außerhalb Preußens wohnte und sich aufhielt, ein preußisches Gericht also für die Erteilung gar nicht zuständig wäre (FGG. § 73). Besonders in dem letzten Falle kann doch davon keine Rede sein, daß die eidesstattliche Versicherung des Testamentsvollstreckers kostenrechtlich ein Nebengeschäft sei.

Als letzten Grund für die Anwendung des § 23 Abs. 1 auf die zur Erlangung des Testamentsvollstreckerzeugnisses vor Gericht abgegebene eidesstattliche Versicherung des Testamentsvollstreckers führt das KG. in seinem Beschluß vom 5. Mai 1911 an:

„Außerdem würde der Zweck des Gesetzgebers, die Testamentsvollstreckerzeugnisse durch Herabsetzung ihres Gegenstandswertes kostenrechtlich zu begünstigen, in allen Fällen nicht erreicht werden, in denen vor Gericht eine eidesstattliche Versicherung zur Erlangung des Zeugnisses abgegeben wird."

Der Sinn dieser Ausführung ist nicht ganz klar. Wenn auf die gerichtliche eidesstattliche Versicherung des Testamentsvollstreckers das Testamentsvollstreckerzeugnis erteilt ist, und die Kosten für das Testamentsvollstreckerzeugnis und die eidesstattliche Versicherung zusammen berechnet werden, und zwar für das Testamentsvollstreckerzeugnis aus § 57 B, § 81 Abs. 1 und Abs. 7 unter Herabsetzung des Wertes durch Anwendung des § 23 Abs. 1, nun, so *sind* doch die Kosten für das Testamentsvollstreckerzeugnis verbilligt und ist damit der angebliche Zweck des Gesetzgebers erreicht, auch ohne Herabsetzung des Wertes der eidesstattlichen Versicherung. Oder meint das KG., daß in obigem Falle der Gerichtsschreiber die Macht haben soll, auch die nach §§ 49, 33,

57 B zu berechnenden Kosten der eidesstattlichen Versicherung bei Nachlässen von über 100 000 M. gleichfalls herabzusetzen durch Anwendnng der Wertschätzung des § 23 Abs. 1, um auch diese Kosten mit Rücksicht auf jenen angeblichen Zweck zu verbilligen?

In der Literatur scheint Mügel noch in der 6. Auflage seiner Preuß. Kostengesetze (1910) die Anwendung des § 23 Abs. 1 auf die Wertberechnung eines der Höhe nach feststehenden Nachlasses für die eidesstattliche Versicherung des Testamentsvollstreckers auszuschließen, denn er sagt in Anm. 24 a. E. zu § 81 GKG.:

„Bei einer Mehrheit von Testamentsvollstreckern ist bei jedem für die eidesstattliche Versicherung der volle Wert des Nachlasses zugrunde zu legen."

Dieser Satz ist in der 7. Auflage Mügels von 1916, welche vom Kammergerichtsrat Ehm bearbeitet ist, dahin geändert, daß dort § 23 angewendet ist (S. 368). Maßgebend für diese Änderung war der in derselben Anmerkung im Auszuge wiedergegebene Beschluß des KG. vom 5. Mai 1911, dessen Gründe oben widerlegt sind.

III. Versicherung vor dem Notar.

Für die vor dem Notar abgegebene eidesstattliche Versicherung des Testamentsvollstreckers ist sedes materiae der § 2 Abs. 2 NotGebO. vom 25. Juli 1910:

„Auf die Berechnung des Wertes finden die Vorschriften des Preuß. Gerichtskostengesetzes entsprechend Anwendung."

Entsprechend anwendbar wegen § 2 NotGebO. sind zunächst auf die notarielle eidesstattliche Versicherung des Testamentsvollstreckers die Wertvorschriften, welche im ersten Abschnitt des GKG. (Allgemeine Bestimmungen) enthalten sind, also z. B. §§ 19, 21 (Gegenstand), § 20 (Zeitpunkt der Wertberechnung), der § 23 jedoch nur, soweit die in seinen Absätzen 1 und 2 gegebenen Voraussetzungen vorliegen, also in vermögensrechtlichen Angelegenheiten nur, wenn genügende tatsächliche Anhaltspunkte für eine anderweite Wertschätzung innerhalb der Staffeln des § 33 fehlen.

Einzuschränken ist aber jede Anwendung der Wertvorschriften des GKG. auf solche Geschäfte des Notars, für welche ihm Gebühren in der Gebührenordnung für Notare vorgeschrieben sind. Denn der kostenrechtliche Wert des Gegenstandes dient ja nur zu Berechnung von Gebühren (Geb.O. § 2 Abs. 1). Ohne Gebühren kein Kostenwert!

Wir müssen also auf die Frage zurückgehen, für welche Geschäfte des GKG. die Gebührenordnung dem Notar — seine Zuständigkeit vorausgesetzt — Gebühren vorgeschrieben hat. Diese Frage beantwortet § 5 NotGebO.:

„Soweit die Notare für die Geschäfte zuständig sind, über welche der zweite Abschnitt des ersten Teils und der § 67 N. 1 PrGKG. Bestimmung treffen, erhalten sie die daselbst für die Tätigkeit des Richters festgesetzten Gebühren."

§ 67 N. 1 kann hier außer Betracht bleiben. Er steht im dritten Abschnitt des ersten Teils des GKG. (Grundbuchsachen) und spricht u. a. von den Kosten der Teilbriefe, für deren Herstellung der Notar wegen GBO. § 61 zuständig ist.

Der zweite Abschnitt des ersten Teils des GKG. (Gerichtliche Urkunden) umfaßt die §§ 33 bis 56 GKG. Der § 81 befindet sich also nicht darunter. Der Notar darf mithin nach § 81 GKG. überhaupt nicht liquidieren. Er darf also auch für die Beurkundung der eidesstattlichen Versicherung des Testamentsvollstreckers den § 81 Abs. 7 und den dort erwähnten § 23 Abs. 1 nicht entsprechend anwenden.

Mügel (1910) ist der Meinung, daß für die eidesstattliche Versicherung vor dem Notar die Wertberechnungen der Absätze 5 und 6 des § 81 nicht passen. (Anmerkung 6 zu § 49). Und mit Recht, denn der Notar kann nicht zuerst eine vorläufige Wertberechnung und später auf Grund von Tatsachen, die er nicht kontrollieren kann, eine zweite definitive Wertberechnung aufstellen. — Von den übrigen Wertbestimmungen des § 81 hält Mügel (1910) für Notare nur den § 81 Absatz 4 für anwendbar (Anmerkung 2 zu § 2 der Geb.Ord. f. Not. S. 458). Erst die 7. Auflage von Mügel (1916) stellt sich in Anmerkung 2 zu § 2 Geb.Ord. und in Anmerkung 24 zu

§ 81 GKG., sowie in Anmerkung 7 zu § 49 GKG. auf den Standpunkt des KG.-Beschlusses vom 12. Dezember 1913, daß für die eidesstattliche Versicherung des Testamentsvollstreckers vor dem Notar der Wert nach § 81 Abs. 7 und § 23 Abs. 1 zu berechnen sei, und druckt deshalb auch den § 81 Abs. 7 unter den für Notare anwendbaren Wertvorschriften auf Seite 530 ab. Dieser Standpunkt kann aber aus obigen Gründen nicht für richtig erachtet werden.

Kehren wir zu § 5 der NotGebO. zurück. Im dort erwähnten zweiten Abschnitte des ersten Teils des GKG. befindet sich § 49, dessen N. 2 die eidesstattliche Versicherung ohne Ausnahme umfaßt. Zu ihrer Beurkundung sind die Notare gemäß dem PrFGG. Art. 31 zuständig; sie haben also für die eidesstattliche Versicherung auch des Testamentsvollstreckers nicht nur nach § 49 N. 2 zu liquidieren, sondern auch — da § 49 die volle Gebühr des § 33 vorschreibt — den Wert des Nachlasses nach den Wertstaffeln des § 33 zu berechnen, welcher ebenfalls im zweiten Abschnitt des ersten Teils des GKG. steht.

Seit dem Inkrafttreten des BGB., welches das Testamentsvollstreckerzeugnis einführte, und vor der Novelle von 1910 hatten die preußischen Notare die Gebühren, also auch den Wert der notariellen eidesstattlichen Versicherung des Testamentsvollstreckers (vgl. PrAGBGB. Art. 86 XXVI) noch nach dem § 81 Abs. 2 GKG. zu berechnen, weil damals diese Bestimmung noch in dem § 5 NotGebO.

enthalten war. Indessen hatten sie — da der damalige § 81 Abs. 2 die Gebührenberechnung nach § 33 vorschrieb und nur an Gebühren mehr als vier Zehntel von § 56 B (jetzt § 57 B) zu berechnen verbot — auch bei der Wertberechnung der eidesstattlichen Versicherung des Testamentsvollstreckers die Staffeln des § 33 anzuwenden, nicht aber den Wert nach § 23 Abs. 1 zu schätzen.

Die Novelle von 1910 hat bekanntlich im § 5 NotGebO. die Bezugnahme auf § 81 Abs. 2 GKG. gestrichen und dadurch die Gebühren der Notare für alle eidesstattlichen Versicherungen dem § 49 mit seinen Wertstaffeln aus § 33 unterstellt, wodurch für alle Notare die obere Gebührengrenze von vier Zehntel von § 57 B fortfiel. Es sollte durch Anwendung des § 49 für die Tätigkeit der Notare bei den eidesstattlichen Versicherungen eine höhere Entlohnung herbeigeführt werden (Mügel [1910] S. 309, 310). Die Materialien ergeben nichts darüber, daß dabei auch an die notarielle eidesstattliche Versicherung des Testamentserben (BGB. § 2355) und an die ihr inhaltlich fast gleiche eidesstattliche Versicherung des Testamentsvollstreckers aus §§ 2368, 2354 ff. BGB. sowie an den Kostenwert der eidesstattlichen Versicherung gedacht ist. Durchschlagend ist jedenfalls für uns die Erwägung, daß der Gesetzgeber, als er allen eidesstattlichen Versicherungen vor Notaren durch Unterstellung unter § 49 die Wertstaffeln des § 33 gab, auch gewußt hat, daß er damit die Anwendung des § 23 Abs. 1 ausschloß, und daß, wenn er auf die notarielle eidesstattliche Versicherung des Testamentsvollstreckers den § 23 Abs. 1 trotzdem hätte anwenden und damit bei den Nachlässen von über 100000 M. die Gebühren der Notare hätte herabsetzen wollen, der Gesetzgeber solcher Absicht der Änderung der bisherigen Rechtslage auch irgendwie Ausdruck gegeben hätte.

Gleichwohl wendet der eingangs zitierte Beschluß des KG. vom 12. Dezember 1913 den § 23 Abs. 1 auf die eidesstattliche Versicherung des Testamentsvollstreckers vor einem Notar mit der kurzen Ausführung an:

> „Für die vor Gericht abgegebene eidesstattliche Versicherung gilt nach der Rechtsprechung des KG. (KGJ. 41 B. 307) der § 23 Abs. 1, und für die vor dem Notar abgegebene eidesstattliche Versicherung muß mit Rücksicht auf § 2 NotGebO. dasselbe gelten."

Soweit die Auslegung der Gesetze in Betracht kommt, glaube ich die Gründe des KG. oben widerlegt zu haben. Das KG. sagt aber zum Schlusse noch (JMBl. 1914, S. 536):

> „Die eidesstattliche Versicherung des Testamentsvollstreckers ist auch für den Notar ein Nebengeschäft, das keinen höheren Wert als das Hauptgeschäft haben darf, das zu fördern es bestimmt ist. Der Zweck des Gesetzgebers, die Testamentsvollstreckerzeugnisse durch Herabsetzung ihres Gegenstandswertes kostengesetzlich zu begünstigen, würde andernfalls auch nicht erreicht werden."

Diesen beiden Sätzen muß widersprochen werden.

Selbst im Hinblick auf das Testamentsvollstreckerzeugnis ist die Beurkundung der eidesstattlichen Versicherung des Testamentsvollstreckers für den Notar kein Nebengeschäft; denn er ist für die Erteilung des Testamentsvollstreckerzeugnisses nicht zuständig. Für ihn muß deshalb kostenrechtlich die Beurkundung der eidesstattlichen Versicherung stets das Hauptgeschäft bilden. Sofort nach dieser Beurkundung hat der Notar ja auch seine Kostenrechnung aufzustellen und kann dann noch gar nicht wissen, ob es überhaupt zur Erteilung eines Testamentsvollstreckerzeugnisses kommen wird. (Vgl. zu II oben bei der selbständigen Versicherung!)

Und wenn auch der Gesetzgeber die (von ihm im Gesetze nicht zum Ausdruck gebrachte) Absicht gehabt hätte, die Testamentsvollstreckerzeugnisse der Gerichte in allen Fällen zu verbilligen, so berechtigt solche Absicht den Notar immer noch nicht, bei seiner Kostenberechnung für die eidesstattliche Versicherung des Testamentsvollstreckers von den sozial wirkenden Wertstaffeln der §§ 49, 33 GKG. abzusehen und den Wert willkürlich nach § 23 Abs. 1 zu schätzen. Denn § 23 ist eine unsoziale Ausnahmebestimmung und nur dort anzuwenden, wo das Gesetz dies dem Notar mit klaren Worten vorschreibt. Zu solchen Vorschriften gehört aber der den § 23 Abs. 1 entsprechend anwendende § 81 Abs. 7 GKG. schon deshalb nicht, weil — wie oben zu III gezeigt ist — seit der Kostennovelle von 1910 der ganze § 81 GKG. für Notare überhaupt nicht mehr anwendbar, eine Anwendung der in seinem Abs. 7 gegebenen Wertschätzung aus § 23 Abs. 1 also für Notare ausgeschlossen und nicht mehr im Sinne von NotGebO. § 2 Abs. 2 „entsprechend" ist.

Inzwischen ist durch die Zeitschrift des Deutschen Notarvereins Heft 1 für 1916, S. 42 ein neuer KG.-Beschluß vom 9. Juli 1915 (1 a X 486/15) bekannt geworden. Hier nimmt das KG. Bezug auf seinen Beschluß vom 12. Dezember 1913 und fährt dann fort:

„Wenn in dem Beschlusse gesagt ist, daß die vor dem Notar abgegebene eidesstattliche Versicherung nur ein zur Erlangung des Zeugnisses vorgenommenes Nebengeschäft bilde, das keinen höheren Gegenstandswert haben könne als das Hauptgeschäft, das zu fördern es bestimmt sei, so ist unter dem Ausdruck „Nebengeschäft" nicht der aus § 56 Pr. GKG. sich ergebende technische Begriff, sondern ein die Erteilung des Zeugnisses vorbereitendes Hilfsgeschäft zu verstehen (vgl. den zum Abdruck im KG. bestimmten Beschluß vom 15. Januar 1915, 1 a X 1257/14)."

Zu dem obigen Beschlusse äußern sich in demselben Hefte der genannten Zeitschrift Bartscher und Wenz u. a. wie folgt S. 44 u. 45:

„Wir müssen an der Ansicht (DNotV. 1914, 643) festhalten, daß die Gebühr nach dem Werte des Nachlasses zu berechnen ist...

Ausschlaggebend muß unseres Erachtens die Erwägung sein, daß Abs. 7 Satz 4 sich nicht auf ein Geschäft beziehen kann, das in einem anderen Paragraphen und in einem ganz anderen Abschnitte behandelt ist (§ 49 N. 2). Sind für die vor dem Notar abgegebene eidesstattliche Versicherung zwecks Erwirkung eines Erbscheins schon nicht die Sondervorschriften des Abs. 5, 6 anwendbar (Mügel Anm. 6 zu § 49, vgl. auch N. 9 vorstehend), so liegt kein Grund vor, die Sondervorschrift des Abs. 7 Satz 4 auf die notarielle Gebühr anzuwenden. Dazu kommt, daß der ganze § 81, insbesondere auch dessen Abs. 7 Satz 4, auch für Gerichte nur gelten, wenn das Zeugnis wirklich erteilt wird, und zwar von einem preußischen Gericht, daß dagegen, wenn der Antrag bei dem angerufenen preußischen Gericht zurückgenommen oder von ihm zurückgewiesen wird, oder der Antrag an ein außerpreußisches Gericht geht, auch für die vor dem preußischen Gericht abgegebene eidesstattlicher Versicherung die Gebühr des § 49 N. 2 nach dem Werte des Nachlasses zu erheben ist.....

§ 2 Gebührenordnung steht anderer Auslegung nicht entgegen. Denn die Vorschriften des Pr. GKG. über die Wertberechnung sind eben verschieden; für die Fälle, in denen § 49 Nr. 2 anwendbar ist, treffen die Sondervorschriften des § 81 nicht zu. Und da für den Notar stets der § 49 Nr. 2 anwendbar ist, können sie für ihn nicht in Betracht kommen. Für ihn gibt es ja auch kein Haupt- und Neben- oder Hifsgeschäft, auch kein „nebensächliches" Geschäft, wie das KG. sich in dem Beschlusse Nr. 9 oben ausdrückt, für ihn ist die Aufnahme der eidesstattlichen Versicherung das einzige Geschäft."

Die Verfasser dieser Besprechung, Bartscher und Wenz, haben — mit Drinnenberg zusammen — den bekannten Kommentar zum Pr. GKG. vom 25. Juli 1910 und der Novelle zur GebO. herausgegeben (Köln 1910 Kölner Verlagsanstalt A. G.), und Bartscher ist mit Drinnenberg als Mitglied der Kommission des Abgeordnetenhauses zur Beratung der Kostennovellen tätig gewesen, wie er in dem Vorworte dieses Kommentars anführt. Man wird also die Ausführungen der Verfasser beachten müssen.

Wir sind am Schlusse. Möge die vorliegende Arbeit, das Ergebnis längerer Studien, dazu beitragen, daß in Zukunft die preußischen Gerichte, auch das Kammergericht, den vierten Satz des § 81 Abs. 7 GKG. nur noch auf die seltenen Sonderfälle der beiden vorhergehenden Sätze anwenden. Wir kommen dann gegenüber der Willkür jeder Schätzung aus § 23 GKG. in allen übrigen Fällen zu einem gerechteren Kostenwerte für Testamentsvollstreckerzeugnisse und die vorangegangene Versicherung.

Druck von C. Schulze & Co., G. m. b. H., Gräfenhainichen.

FSC
www.fsc.org
MIX
Papier | Fördert
gute Waldnutzung
FSC® C083411

Kolibri 360 GmbH
Ferdinand-Jühlke-Straße 7
99095 Erfurt, Deutschland
produktsicherheit@kolibri360.de